Stevia

HÄDECKE

Stevia

Süßen mit dem Wunderkraut

Brigitte Speck

Lizenzausgabe für Hädecke Verlag,
D-71256 Weil der Stadt.
www.haedecke-verlag.de

Dritte Auflage 2007

Verantwortlich für das Lektorat
Léonie Haefeli-Schmid
Gestaltung
FonaGrafik, Daniela Friedli
Foodbilder
Andreas Thumm, Freiburg i. Br
Übrige Bilder
Dr. Klaus Ammann, Bern;
Pro Stevia Schweiz, Bern
Printed in Germany

ISBN 978-3-7750-0515-9

Abkürzungen

EL = gestrichener Esslöffel
TL = gestrichener Teelöffel
dl = Deziliter
ml = Milliliter
Msp = Messerspitze
g = Gramm

Mengenangaben

Wo nicht anders vermerkt, sind die Rezepte für 4 Personen berechnet.

Inhalt

Dank

Herzlichen Dank all denen, die mit ihren Erfahrungen und ihrem Wissen zu diesem Buch beigetragen oder mich mit ihren Produkten unterstützt haben:

- Aromalife AG, Jegenstorf
- Cooperativa Ruiz de Montoya, Misiones/Argentinien, Köniz
- Gärtnerei Neubauer, Erlen
- Maestrani AG, St. Gallen
- Rechsteiner PR, Oberdiessbach
- Verein Pro Stevia Schweiz, Bern
- Würzenbach Drogerie, Luzern
- Professor Dr. Klaus Ammann, Direktor des Botanischen Gartens Bern
- Dr. Udo Kienle, Universität Hohenheim, Stuttgart

Ich möchte auch dem Vorstand des Vereins Pro Stevia Schweiz (in welchem ich Mitglied bin) für die schöne Zusammenarbeit danken, mit ihm wurde das Konzept und der einleitende Text erarbeitet.
Der Dank geht auch an meine Kolleginnen Erica Bänziger und Miriam Hüsler, die mich mit ihren Ideen unterstützt haben.
Ein besonderes Dankeschön verdienen meine Familie und meine Freunde; sie haben die Speisen degustiert und meine Arbeit kritisch begleitet und unterstützt.

Vorwort

Liebe LeserInnen

Die Autorin des Buches, Brigitte Speck, hat mit viel Liebe und Kompetenz ein Rezeptbuch zu Stevia kreiert, das uns die Möglichkeit gibt, mit unseren Sinnen einen direkten Bezug zu diesem Wunderkraut zu finden.

Vielleicht kommt auch der eine oder andere politische Entscheidungsträger der Republik in den Genuss der hier vorgestellten Gaumenfreuden und hat vielleicht endlich Lust, sich sachlich mit Stevia auseinander zu setzen. Die enormen Vorzüge von Stevia haben auch die öffentlichen Medien erkannt und fordern ein gesundheitspolitisches Umdenken, Handeln.

Der Zuckerverbrauch in Deutschland liegt derzeit bei etwa 110 Gramm pro Kopf und Tag. Zucker, den wir zusätzlich zu süßen Früchten und Honig konsumieren. Gleichzeitig steigt die Zahl der Übergewichtigen, Diabetiker und Herzkranken stetig an. Dieser Zusammenhang ist auch der Weltgesundheitsorganisation WHO bekannt. Sie fordert nun den Zuckerverbrauch weltweit auf 20 Gramm pro Kopf und Tag zu reduzieren. Doch wer will auf Süß verzichten? Kaum ein anderes Süßungsmittel könnte den Ausgleich erbringen, außer Stevia.

Ich danke Brigitte Speck, dass sie dem Förderkreis «Free Stevia» die Möglichkeit gegeben hat, die Deutsche Ausgabe ihres Werkes der hiesigen Situation anzupassen.

Dieses Buch kann nicht nur unsere Essgewohnheiten verändern.

Margitta Holly, www.freestevia.de

Wer einmal ein Stevia-Blatt im Mund hatte, wird seinen Geschmack nicht mehr vergessen: Ob frisch oder getrocknet, schon ein kleines Stück zeigt die ganze Süße der Pflanze, die an Lakritze erinnert und deren Aroma lange auf Zunge und Gaumen verweilt. Die Menschen im heutigen Dreiländereck Paraguay, Brasilien und Argentinien nannten sie Kaá-heé (Honigkraut) oder einfach nur Yerba Dulce (Süßes Kraut). Die Urbevölkerung der Region, die Guaraní, nutzen Stevia seit Jahrhunderten als Heilpflanze und zum Süßen von Mate-Tee. Die Europäer kamen erst später in Kontakt mit Stevia. 1899 beschrieb der Schweizer Wissenschaftler Moisés Bertoni (1857–1929) erstmals die Stevia rebaudiana. Der aus dem kleinen Dorf Lottigna (Tessin) stammende Freidenker entdeckte viele Pflanzen- und Tierarten. Dank der Unterstützung unter anderem des Schweizer Hilfswerks Helvetas ist Bertonis Forschungsareal in Paraguay heute ein Nationalpark mit einem kleinen Museum.

Stevia – das Honigblatt aus Paraguay

Botanik

Ein Korbblütler mit Steviosid

Bei Stevia rebaudiana handelt es sich um einen kleinen, blattreichen Strauch von 50–100 cm Höhe. Die kleinen Blätter sind lanzettförmig. Die Pflanze gehört zur Familie der Asteraceae. Die Fotos im Einführungsteil stammen von Professor Dr. Klaus Ammann, Direktor des Botanischen Gartens in Bern. Er ist am meisten von den Blüten fasziniert, d. h. von den winzigen Korbblüten, eigentlich Blütenständen, die wie Einzelblüten aussehen. An den kleinen Blüten sichtbar ist ein Körbchen mit Hüllblättern und zweiteiliger Narbe. Die Gattung der Korbblütler ist in Südamerika mit zahlreichen Arten vertreten. Aber nur Stevia rebaudiana enthält Steviosid, ein Molekül, das 300 Mal süßer als Zucker ist.

Anbau und Pflege

Lernen vom Basilikum

Stevia rebaudiana gedeiht nicht nur in Südamerika, sondern auch in Mitteleuropa. Ihre Herkunft aus dem subtropischen Klima von Paraguay, Brasilien und Argentinien prägt jedoch ihre Ansprüche an Boden und Temperatur. Der Bio- und Naturgärtner Markus Neubauer aus Erlen hat in seinem Betrieb in der Ostschweiz die besten Erfahrungen gemacht, wenn Stevia gleich wie Basilikum behandelt wird. Richtig wohl wird den beiden erst bei Temperaturen über 20 °C. Sie bevorzugen warme und geschützte Standorte, die weder trocken noch allzu heiß sein sollten. Stevia gedeiht auf humus- und nährstoffreichem Boden am besten, benötigt jedoch für ein ordentliches Wachstum eine genügend hohe Bodenfeuchtigkeit.

Nördlich der Alpen ist die Kultur in Töpfen oft dankbarer als das Auspflanzen im Freien. Bei entsprechenden Boden- und Temperaturverhältnissen ist Stevia rebaudiana eine robuste und wüchsige Pflanze. Die Blattläuse besiedeln das süße Blatt zwar sehr gerne, verursachen aber keine gravierenden Schäden.

Das Überwintern der Pflanze gestaltet sich unproblematisch, wenn man ihr die Winterruhe gönnt. Dabei sterben die oberirdischen Pflanzenteile ab und die mehrjährige Wurzel überwintert in frostfreier aber kühler Umgebung, um im März wieder auszutreiben. Am besten überwintern junge Pflanzen, welche im September aus Kopfstecklingen gezogen werden.

Nach der Blüte (Juni/Juli) sollte die Steviapflanze zurückgeschnitten werden. So wird der Neuaustrieb in der zweiten Sommerhälfte angeregt. Diese Neuaustriebe sind in der Regel Mitte August/Anfang September groß genug, um Kopfstecklinge schreiden zu können. Stecklinge sollten außer der Triebspitze 2 ausgewachsene Blätter haben. Diese werden in kleine Töpfe gesetzt, mit einer Plastikhaube abgedeckt und feucht gehalten, bis sich Wurzeln gebildet haben. In der Regel ist das nach 2–3 Wochen der Fall.

Gesundheit

Süß ohne Kalorien

Schon der Botaniker Moisés Bertoni hat es erkannt: «Eine neue Pflanze, von mir entdeckt, als Süßmittel fast so kraftvoll wie Saccharin, aber ohne dessen Nachteile und frei von Nebenwirkungen, mit der Ausnahme, dass Stevia leicht tonisiert.»
Stevia hat verschiedene gesundheitliche Vorteile. Die Süße der Pflanze ist fast kalorienfrei: 0,21 Kcal je Gramm Steviosid. Stevia beeinträchtigt den Blutzuckerspiegel nicht. Stevia ist ebenfalls bei vielen Ernährungstherapien hilfreich, etwa bei Übergewicht oder in der Übergewicht-Prophylaxe, bei ADS-Kindern, die nachweislich weniger zappelig und weniger agressiv sind, wenn Zucker durch Stevia ersetzt wird, bei Diabetes Typ 1 und Typ 2 (Agavendicksaft und Ahornhonig können durch einige zusätzliche Tropfen Stevia ersetzt werden) oder in der Diabetes-Prophylaxe und bei Candida-Pilzbefall. Stevia verursacht auch keine Karies.

Verbreitung

In vieler Leute Munde

Im Osten Südamerikas wird Stevia seit jeher zum Süßen von Getränken und von Speisen verwendet. Der Botaniker Moisés Bertoni hat bereits schon bei der Entdeckung von Stevia betont: «Die Tatsache, dass die Süßkraft von Kaá-heé der von Zucker so überlegen ist, zeigt, dass man nicht die Ergebnisse von Analysen und Kulturversuchen abwarten muss, um den ökonomischen Vorteil von Stevia zu bestätigen.» Deshalb hat die Pflanze schnell auch andere Orte auf unserem Planeten erreicht. In etlichen Gärten, auf Terrassen und auf Balkonen in Deutschland, in der Schweiz und in Österreich wächst das Süßkraut neben anderen Kräutern und wird zum Beispiel zum Süßen von Tee verwendet.

Einen Siegeszug hat Stevia in Asien angetreten. 80 % der weltweiten Anbauflächen liegen in China. Stevia kommt nicht nur in Form flüssiger oder pulverisierter Extrakte in den Handel, sondern ist bereits schon in vielen verarbeiteten Lebensmitteln enthalten. Vor allem in Japan und in Korea ist Stevia ein etabliertes Süßungsmittel, das zu Lasten der künstlichen Süßstoffe einen hohen Marktanteil erreicht hat. Von Limonade-Getränken über Kaugummis und Sojasaucen, von Eiscreme bis zu Backwaren oder auch Zahnpasten wird eine Vielzahl von Produkten mit Stevia gesüßt.

Zulassung

Für die EU kein Süßmittel

Millionen von Menschen konsumieren seit Jahrzehnten täglich Stevia – Nebenwirkungen sind bisher keine bekannt. Weltweit wurden zu Stevia über zweihundert Toxizitätsstudien durchgeführt, welche ihre gesundheitliche Sicherheit belegen. Zudem legte im 2004 die Weltgesundheitsorganisation WHO einen ADI-Wert fest und bestätigte so die gesundheitliche Unbedenklichkeit. Und trotzdem schränken staatliche Vorschriften die Anwendung von Stevia in vielen Ländern ein. In den USA und in Australien ist Stevia zum Beispiel nicht als Lebensmittel oder als Zutat erhältlich, sondern nur als Produkt zur Nahrungsmittelergänzung. In der EU wurde 1999/2000 eine Zulassung von Stevia gemäß der Novel-Food-Verordnung abgelehnt. Die momentane Informations-

lage sei nicht ausreichend, um die gesundheitliche Unbedenklichkeit zu garantieren. Als Pflanze, welche nicht im europäischen Kulturraum heimisch sei, benötige Stevia umfassende Studien, um überhaupt im Nahrungsmittelbereich zugelassen zu werden.

Dr. Udo Kienle, Universität Hohenheim, baut seit 1987 Steviapflanzen versuchsweise an. Eines seiner Projekte zur Optimierung von Anbau und Erntetechniken von 1998 bis 2002 in Südspanien wurde sogar sinnigerweise von der EU finanziert.
Denn vielleicht könnte Stevia in dieser Region eine Alternative zum Tabakanbau werden. Dr. Kienle schätzt, dass für die Durchführung der notwendigen Studien und für die Klärung offener Fragen der Behörden wohl noch Jahre vergehen können, um Stevia als Lebensmittelzusatz zuzulassen.

Erhältlichkeit

Stevia wächst überall

Trotz ablehnender Haltung der EU ist Stevia in vielfältiger Form auch in Deutschland, in der Schweiz und in Österreich erhältlich. Via Internet oder in Apotheken sind nicht nur getrocknete Blätter erhältlich, sondern auch Konzentrate in flüssiger Form oder als Steviosid. Manchmal haben die Steviaprodukte unverfängliche Namen oder werden wie beispielsweise in den USA als Nahrungsmittelergänzung verkauft. Eine Anleitung, wie man mit den Produkten in der Küche umgeht, findet man selten, denn das erlaubt der Gesetzgeber nicht. Doch Stevia-Tee süßt eben trotzdem. Völlig legal ist das private Hegen, Pflegen und Konsumieren von Stevia. Sie finden im Frühjahr Jungpflanzen in Baumschulen und Gärtnereien, aber auch Samen in Gartenfachgeschäften.

Anwendung

Frisch, getrocknet, konzentriert

Stevia kann in allen Rezepten den Zucker oder zumindest einen großen Teil davon ersetzen. Wer sehr süße Desserts, süßes Gebäck und süße Getränke liebt, ersetzt einen Teil des Zuckers durch Stevia und den anderen Teil durch Akazienhonig, Birnendicksaft, Agavendicksaft oder Ahornsirup. Mit der Zeit braucht man immer weniger zu süßen, da sich der Gaumen an die reduzierte Süße gewöhnen wird.

Steviaprodukte	Anwendung
frische Blätter, ganz oder zerstoßen	Tee zum Herstellen des Stevia-Auszugs
getrocknete Blätter, ganz oder gemahlen	Tee zum Herstellen des Stevia-Auszugs
Stevia-Auszug (selbst hergestellt)	praktisch überall, wo die Flüssigkeitsmenge keinen Einfluss auf die Konsistenz hat
Stevia (Konzentrat), flüssig	uneingeschränkt verwendbar
Stevia (Konzentrat), Pulver weiß	uneingeschränkt verwendbar

Anmerkung

In diesem Buch wurden vor allem flüssiges Stevia-Konzentrat und Stevia-Auszug verwendet.

Dosierung

Wieviel Stevia?

Die Mengenangaben beruhen auf den Produkten, die für die Rezeptentwicklung verwendet wurden: Flüssiges Stevia-Konzentrat aus dem Fachhandel und selbst hergestellter Stevia-Auszug. Nicht alle im Handel erhältlichen Produkte sind gleich süß. Deshalb ist es wichtig, dass man die Grundmasse kostet und je nach persönlicher Vorliebe noch etwas mehr Stevia zugibt. Nur kleine Mengen zugeben, um stoppen zu können, bevor der Lakritzgeschmack der Stevia zu dominant wird. Der selbst hergestellte Stevia-Auszug hat je nach Erntezeit der Blätter mehr oder weniger Süßkraft. Besonders süß ist das Steviablatt kurz vor der Blüte. Schwierig ist die Dosierung des reinen Steviosids, denn es ist 300-mal süßer als Zucker. Flüssiges Stevia-Konzentrat ist 10- bis 15-mal süßer als weißer Zucker. 3 Tropfen Stevia = 2 Würfelzucker.

Tipp: Steviosid in heißem Wasser auflösen und tropfenweise zugeben.

ca. 1 Esslöffel Stevia-Auszug (selbst hergestellt) = 4 Tropfen Stevia

aus frischen und getrockneten Blättern

Stevia-Auszug

für 2 dl/200 ml Auszug

2 dl/200 ml Wasser
1 Tasse (2 dl/200 ml Inhalt) frische Steviablätter

1 Das Wasser aufkochen, die Steviablätter zugeben und 2 Minuten köcheln lassen. Den Aufguss durch ein Sieb gießen.

2 Kleine Flasche mit Bügelverschluss im kochenden Wasser vorwärmen. Heißen Stevia-Auszug einfüllen, verschließen. Hält sich im Kühlschrank bis zu 6 Monaten.

Stevia-Auszug aus getrockneten Blättern

Blätter kurz vor dem Blühen ernten und an einem schattigen, luftigen Ort trocknen. Für 2 dl/200 ml Auszug 7 g getrocknete Blätter nehmen.

Getränke – Vorratshaltung

Frucht-Smoothie

ergibt ca. ½ l

200 g Brombeeren
2 Nektarinen
1 reife, aber feste Banane
2 EL Stevia-Auszug, Seite 17
oder 8 Tropfen Stevia
1–2 dl/100–200 ml Wasser

1 Die Nektarinen halbieren und entsteinen, die Fruchthälften klein schneiden. Die Banane schälen und in Scheiben schneiden.

2 Früchte und Stevia-Auszug oder Stevia-Tropfen fein pürieren. Nach Belieben mit 1–2 dl/100–200 ml Wasser verdünnen.

3 Frucht-Smoothie in Gläser füllen, nach Belieben zerhacktes (crushed) Eis dazugeben, servieren.

Broteinheiten	1,20	Eiweiß	1,46 g
Brotwert	1,40	Fett	0,62 g
Energiewert	299,55 kJ (71,83 kcal)	Kohlehydrate	13,95 g

Sommertee

ergibt ca. 1½ l

4 Beutel Hagebuttentee
3 Beutel Pfefferminztee oder
4 Zweige Pfefferminze
4 Beutel Früchtetee
1½ l Wasser
20–25 Tropfen Stevia oder
5–6 EL Stevia-Auszug, Seite 17
1 unbehandelte Zitrone

1 Alle Teebeutel und eventuell die frische Pfefferminze in einen Krug geben. Das Wasser aufkochen und in den Teekrug geben, 8 Minuten ziehen lassen.

2 Teebeutel und eventuell Pfefferminze entfernen, Stevia zugeben. Den Tee mindestens 1 Stunde kühl stellen.

3 Die Zitrone in Scheiben schneiden. Den Tee mit Eiswürfeln und Zitronenscheiben servieren.

Broteinheiten	0,60	Eiweiß	1,32 g
Brotwert	0,72	Fett	0,46 g
Energiewert	162,83 kJ (38,92 kcal)	Kohlehydrate	7,17 g

Fruchtaufstrich

500 g gemischte frische Früchte,
z. B. Himbeeren, Aprikosen, Nektarinen
15–30 Tropfen Stevia, je nach Süße der Früchte
15 g Apfelpektin

1 Steinfrüchte wie Aprikosen, Nektarinen und Zwetschgen halbieren und entsteinen, Stielansatz wegschneiden, die Fruchthälften klein schneiden.

2 Die Früchte mit dem Stevia aufkochen, Apfelpektin prisenweise einrühren, 6 bis 8 Minuten bei schwacher Hitze kochen lassen, dann etwas Fruchtmus entnehmen und prüfen, ob der Aufstrich bereits fest ist. Sollte er nicht fest genug sein, die Masse noch etwas länger kochen lassen.

3 Kleine Gläser mit Schraubverschluss in kochendem Wasser vorwärmen, den Fruchtaufstrich kochend heiß einfüllen, verschließen. Oder Fruchtaufstrich in Portionenschalen füllen, erkalten lassen, einfrieren.

100 g enthalten			
Broteinheiten	0,71	Eiweiß	1,13 g
Brotwert	0,85	Fett	0,20 g
Energiewert	187,61 kJ (44,79 kcal)	Kohlehydrate	8,54 g

Exotik-Shake

ergibt ca. ¾ l

1 Mango
2 dl/200 ml Ananassaft
2½ dl/250 ml Kokosnussmilch
8 Tropfen Stevia

1 Die Mango mit einem Sparschäler schälen, das Fruchtfleisch in Schnitzen vom Stein schneiden.

2 Die Zutaten fein pürieren. Den Exotik-Shake mindestens 1 Stunde kühl stellen.

Broteinheiten	1,10	Eiweiß	0,66 g
Brotwert	1,21	Fett	0,53 g
Energiewert	242,93 kJ (57,93 kcal)	Kohlehydrate	12,11 g

Himbeer-Shake

ergibt ca. ¾ l

200 g Himbeeren
½ l Milch
10 Tropfen Stevia
oder
ca. 2 EL Stevia-Auszug,
Rezept Seite 17

1 Himbeeren, Milch und Stevia fein pürieren. Mindestens 1 Stunde kühl stellen.

2 Himbeer-Shake in gekühlten Gläsern servieren.

Tipp Diesen Shake kann man auch mit beliebigen anderen Früchten zubereiten.

Broteinheiten	0,66	Eiweiß	0,35 g
Brotwert	0,80	Fett	0,13 g
Energiewert	148,28 kJ (35,41 kcal)	Kohlehydrate	8,01 g

Desserts

Götterspeise

mit Rhabarber und Erdbeeren

½ Portion Vanillecreme, Seite 38

350 g Rhabarber
2 EL Wasser
2 EL Birnendicksaft
40 Tropfen Stevia
oder
8–12 EL Stevia-Auszug
(dann Wasser weglassen),
Rezept Seite 17

300 g Erdbeeren
10 Tropfen Stevia
oder
ca. 2 EL Stevia-Auszug,
Rezept Seite 17
ca. 16 ungezuckerte Zwiebacke

1 Rhabarber schälen und in Stücke schneiden. Rhabarber mit Wasser, Birnendicksaft und Stevia bei schwacher Hitze weich kochen, dann auskühlen lassen.

2 Die Erdbeeren entstielen und klein schneiden, mit dem Stevia in einer Schüssel mischen und etwa 10 Minuten ziehen lassen.

3 In eine Schüssel von etwa 18 cm Durchmesser die Hälfte des Rhabarbers füllen. 4 Zwiebacke darauf legen, die Hälfte der Vanillecreme darauf verteilen. Wieder 4 Zwiebacke darauf legen, danach eine Schicht Erdbeeren. Alles nochmals wiederholen und mit den Erdbeeren abschließen.

100 g enthalten			
Broteinheiten	1,27	Eiweiß	2,86 g
Brotwert	1,52	Fett	3,27 g
Energiewert	438,43 kJ (104,63 kcal)	Kohlehydrate	15,24 g

Reisköpfchen

mit Himbeersauce

für 6 Personen

Reisköpfchen

- 8 dl/800 ml Milch
- 1 Prise Meersalz
- 40 Tropfen Stevia
- ½ Päckchen Vanillezucker
- 180 g Rundkornreis

Himbeersauce

- 300 g Himbeeren
- 15 Tropfen Stevia
- oder
- 3–4 EL Stevia-Auszug, Rezept Seite 17

1 Himbeeren mit Stevia aufkochen, die Früchte bei schwacher Hitze zerfallen lassen, 1 bis 2 Minuten.

2 Milch aufkochen, Salz, Stevia, Vanillezucker und Reis hinzufügen, bei schwacher Hitze köcheln lassen, bis der Reis weich ist, immer wieder umrühren. 6 Förmchen kalt ausspülen, den Milchreis einfüllen und erkalten lassen.

3 Die Reisköpfchen auf Teller stürzen, mit der Himbeersauce übergießen.

Broteinheiten	2,71	Eiweiß	7,07 g
Brotwert	3,25	Fett	2,47 g
Energiewert	781,96 kJ (186,89 kcal)	Kohlehydrate	32,53 g

Aprikosen-quarkcreme

250 g Vollmilchquark
3 EL Milch
1 EL Akazienhonig oder Birnendicksaft
8 Tropfen Stevia
oder
1–2 EL Stevia-Auszug, Rezept Seite 17
400 g reife Aprikosen

1 Aprikosen halbieren und entsteinen, Stielansatz wegschneiden, zwei Aprikosenhälften für die Garnitur beiseite legen, restliche Früchte klein schneiden.

2 Alle Zutaten fein pürieren. Creme in Gläsern anrichten, die restlichen Aprikosenhälften in Schnitze schneiden, Creme damit garnieren.

100 g enthalten			
Broteinheiten	0,65	Eiweiß	3,89 g
Brotwert	0,78	Fett	3,78 g
Energiewert	349,62 kJ (83,41 kcal)	Kohlehydrate	7,83 g

Himbeerköpfchen

250 g Himbeeren
3½ dl/350 ml Ananassaft, ungezuckert
1 TL Agar-Agar-Pulver
1 EL Wasser
7 Tropfen Stevia

Schlagrahm/-sahne für die Garnitur

1 Die Hälfte der Himbeeren mit 1 dl/100 ml Ananassaft kochen, bis die Beeren zerfallen sind, durch ein Sieb streichen und den Saft auffangen.

2 Den Himbeersaft mit dem restlichen Ananassaft aufkochen, Stevia und das mit wenig Wasser angerührte Agar-Agar-Pulver unterrühren. Unter Rühren 2 Minuten köcheln lassen. Den Topf von der Wärmequelle nehmen, restliche Himbeeren unterrühren, in Portionsförmchen füllen. Auskühlen lassen, dann 2 bis 3 Stunden in den Kühlschrank stellen.

3 Die Himbeerköpfchen auf Teller stürzen, mit dem Schlagrahm garnieren.

100 g enthalten			
Broteinheiten	0,72	Eiweiß	1,05 g
Brotwert	0,87	Fett	5,63 g
Energiewert	390,90 kJ (93,28 kcal)	Kohlehydrate	8,66 g

Birnenköpfchen

für 4–6 Förmchen

4 reife Birnen,
z. B. Williams oder Conférence
4 TL Birnendicksaft
20 Tropfen Stevia
½ TL gemahlene
Bourbon-Vanille
1 EL Zitronensaft
3 EL Wasser
2–3 ungezuckerte Zwiebacke
½ TL Agar-Agar-Pulver
3 EL Wasser

½ dl/50 ml Schlagrahm/-sahne
wenig Kakaopulver
oder Zimtpulver

1 Birnen schälen, vierteln und entkernen. Zwiebacke mit dem Teigholz fein zerbröseln. Agar-Agar-Pulver mit 3 Esslöffel Wasser glatt rühren.

2 Birnendicksaft, Stevia, Vanillepulver, Zitronensaft und 3 EL Wasser in einen Topf geben, Birnenviertel hineinlegen, aufkochen, die Früchte bei schwacher Hitze nicht zu weich kochen, 2 bis 3 Minuten. Birnenviertel herausnehmen und klein würfeln.

3 Die Förmchen kalt ausspülen.

4 Birnenfond aufkochen, Birnenwürfelchen zugeben. Das mit Wasser angerührte Agar-Agar-Pulver unter ständigem Rühren einlaufen lassen und weiterrühren, 1 Minute köcheln lassen.

5 Abwechselnd Birnenwürfelchen und Zwiebackbrösel in die kalt ausgespülten Förmchen verteilen, mit Birnenwürfelchen beginnen und abschließen. Auskühlen lassen. Förmchen 2 bis 3 Stunden in den Kühlschrank stellen.

6 Birnenköpfchen auf Teller stürzen, mit Schlagrahm/-sahne garnieren, mit Kakaopulver oder Zimt bestäuben.

Tipp Es ist sehr wichtig, dass die Förmchen schnell gefüllt werden, da sonst das Agar-Agar im Topf eindickt.

Broteinheiten	1,72	Eiweiß	1,26 g
Brotwert	2,06	Fett	3,67 g
Energiewert	504,15 kJ (120,39kcal)	Kohlehydrate	20,64 g

Bananen-Pudding

mit Kokosnussrahm

Pudding

1 dl/100 ml Kokosnussmilch
1 dl/100 ml Milch
2 sehr reife Bananen
2 Freilandeier
1 TL gemahlene Bourbon-Vanille
1½–2 EL Stevia-Auszug, Rezept Seite 17
oder
6–8 Tropfen Stevia

Kokosnussrahm/-sahne

2 dl/200 ml Rahm/Sahne
2 EL Kokosnusschips

1 Den Backofen auf 180 °C vorheizen.

2 Kokosnussmilch, Milch, zerkleinerte Bananen, Eier, Vanille und Stevia mit dem Stabmixer pürieren. Die Creme in eine kleine Puddingform mit Deckel füllen (etwa 10 cm Durchmesser).

3 Puddingform in eine große ofenfeste Schüssel stellen, bis auf drei Viertel Höhe mit Wasser füllen, in den Ofen schieben. Bananen-Pudding bei 180 °C 40 bis 50 Minuten stocken lassen. Garprobe: mit einer Stricknadel in den Pudding stechen; bleibt sie sauber, ist der Pudding gar. In der Form auskühlen lassen.

4 Kokosnusschips in einer Pfanne ohne Fett leicht rösten, auskühlen lassen. Den Rahm steif schlagen, in einen Spritzbeutel füllen.

5 Pudding stürzen, mit Rahmrosetten garnieren und mit Kokosnusschips bestreuen.

100 g enthalten			
Broteinheiten	0,88	Eiweiß	1,93 g
Brotwert	1,07	Fett	10,94 g
Energiewert	622,52 kJ (148,58 kcal)	Kohlehydrate	10,66 g

200 g tiefgekühlte oder frische, geschälte Marroni/Esskastanien
3–5 dl/300–500 ml Milch, je nach Topfgröße
1 EL Agavendicksaft oder Akazienblütenhonig
1–2 EL Stevia-Auszug, Rezept Seite 17
oder
3–5 Tropfen Stevia
½ TL gemahlene Bourbon-Vanille

Schlagrahm/-sahne

1 Marroni/Esskastanien und Milch (die Marroni müssen mit der Milch bedeckt sein) in einem kleinen Topf aufkochen, bei schwacher Hitze unter zeitweiligem Rühren kochen, bis die Früchte zerfallen. Restliche Milch abgießen. Übrige Zutaten zugeben, pürieren. Auskühlen lassen.

2 Die Marroni-/Kastanienmasse in eine Vermicellepresse geben, auf Teller drücken. Mit Schlagrahm/Sahnehäubchen garnieren.

Erntefrische Marroni/Esskastanien vorbereiten

Schale der frischen Früchte auf der gewölbten Seite mit einem scharfen Küchenmesser so tief einritzen, dass die Frucht nicht verletzt wird. Marroni/Esskastanien 4 Minuten in kochendem Wasser blanchieren. Abgießen und mit kaltem Wasser abschrecken. Die Früchte noch heiß schälen, Trennhäutchen mit einem scharfen Messer entfernen. Geschälte Marroni/Esskastanien im Dampf (im Siebeinsatz) 10 bis 12 Minuten vorgaren.

100 g enthalten			
Broteinheiten	1,20	Eiweiß	2,84 g
Brotwert	1,44	Fett	6,73 g
Energiewert	546,79 kJ (130,62 kcal)	Kohlehydrate	14,39 g

Vermicelles

Hirseauflauf

mit Aprikosen

4 dl/400 ml Wasser
100 g Goldhirse
1 Prise Meersalz
200 g Aprikosen
1 Eigelb von einem Freilandei
½ unbehandelte Orange, abgeriebene Schale
125 g Magerquark
25 Tropfen Stevia
1½ EL Agavendicksaft oder Akazienblütenhonig
1 Eiweiß

1 Das Wasser aufkochen, Hirse und Salz zugeben, etwa 15 Minuten bei schwacher Hitze köcheln lassen. Topf beiseite stellen, Hirse zugedeckt noch etwas ausquellen lassen.

2 Den Backofen auf 200 °C vorheizen.

3 Aprikosen halbieren, entsteinen, Stielansatz wegschneiden, Fruchthälften würfeln. Eigelb, Orangenschale, Quark, Stevia und Agavendicksaft glatt rühren. Das Eiweiß steif schlagen.

4 Die Eigelbmasse und die Aprikosenwürfelchen unter die Hirse rühren. Das zu Schnee geschlagene Eiweiß vorsichtig unter die Masse ziehen, in eine mit Butter eingefettete Auflaufform füllen.

5 Den Hirseauflauf auf mittlerer Schiene in den Ofen schieben, bei 200 °C 30 bis 35 Minuten backen.

Tipp Für eine Mahlzeit die Mengen verdoppeln.

100 g enthalten			
Broteinheiten	1,03	Eiweiß	3,67 g
Brotwert	1,24	Fett	1,23 g
Energiewert	323,59 kJ (77,21 kcal)	Kohlehydrate	12,44 g

Apfelsaftcreme

mit Äpfeln

4 Freilandeier
3 dl/300 ml naturtrüber Apfelsaft
4 EL Stevia-Auszug, Rezept Seite 17
oder
ca. 12 Tropfen Stevia
1 TL Maisstärke
1 unbehandelte Zitrone
3 Äpfel
1 dl/100 ml Rahm/Sahne
150 g Rahm-/Sahnequark
1 TL Akazienblütenhonig
eventuell etwas Milch

1 Die Eier mit dem Schneebesen verquirlen, mit Apfelsaft, Stevia und Maisstärke in einen Topf geben, unter Rühren erhitzen, unter dem Siedepunkt 2 bis 3 Minuten ziehen lassen, in eine Schüssel umfüllen und unter häufigem Rühren erkalten lassen.

2 Die Schale der Zitrone in eine Schüssel reiben. Zitrone auspressen und dazugeben. 2 Äpfel mit Schale grob dazu raspeln, sofort vermischen, zugedeckt beiseite stellen.

3 Rahm steif schlagen. Quark und Akazienblütenhonig mit dem Schneebesen luftig schlagen, wenn er zu dickflüssig ist, etwas Milch zugeben. Zuerst den Quark unter die Apfelsaftcreme rühren und dann den Schlagrahm unterziehen.

4 Geraspelte Äpfel in Gläser verteilen, Apfelsaftcreme darüber geben. Den restlichen Apfel vierteln, entkernen und in Schnitze schneiden, die Creme damit garnieren.

100 g enthalten			
Broteinheiten	0,79	Eiweiß	1,66 g
Brotwert	0,95	Fett	6,66 g
Energiewert	445,13 kJ (106,45 kcal)	Kohlehydrate	9,45 g

Vanillecreme

1 Vanilleschote
½ l Milch
1 EL Maisstärke
2 Freilandeier
12 Tropfen Stevia
2–3 EL Agavendicksaft
oder
Akazienblütenhonig

Schlagrahm/-sahne
für die Garnitur
Kakaopulver zum Bestäuben

Die Vanilleschote längs aufschneiden und mit den restlichen Zutaten in einen weiten Topf geben, unter Rühren vor dem Siedepunkt erhitzen. Den Topf von der Wärmequelle nehmen, unter zeitweiligem Rühren auskühlen lassen. Schote entfernen. Vanillemark abstreifen und unter die Creme rühren.

Schokoladencreme

Nach gleichem Rezept kann auch eine Schokoladencreme zubereitet werden. Vanilleschote durch 5 EL Kakaopulver ersetzen, das man im Topf zuerst mit der Milch glatt rührt. Besonders luftig wird die Creme, wenn man die Eier trennt und den steif geschlagenen Eischnee zum Schluss unterhebt.

100 g enthalten			
Broteinheiten	2,21	Eiweiß	2,07 g
Brotwert	2,66	Fett	21,17 g
Energiewert	1281,26 kJ (306,04 kcal)	Kohlehydrate	26,63 g

750 g Zwetschgen
4 Freilandeier
1 EL Agavendicksaft
oder Ahornsirup
oder Akazienhonig
20 Tropfen Stevia
1 Msp Vanillepulver
1 Msp Zimtpulver
1 Prise Meersalz
3 dl/300 ml Rahm/Sahne

1 Den Backofen auf 180 °C vorheizen.

2 Zwetschgen halbieren und entsteinen, den Stielansatz entfernen. Die Hälften mit der Rundung nach oben in eine eingefettete Auflaufform (etwa 17 cm Durchmesser) oder in Portionsschalen schichten.

3 Eier mit Agavendicksaft, Stevia, Vanille- und Zimtpulver, Salz und Rahm verquirlen, über die Zwetschgen gießen.

4 Auflaufform oder Portionsschalen in ein Wasserbad stellen, in den Backofen schieben und bei 180 °C 40 bis 50 Minuten pochieren.

100 g enthalten			
Broteinheiten	0,70	Eiweiß	1,12 g
Brotwert	0,82	Fett	8,99 g
Energiewert	508,53 kJ (121,29 kcal)	Kohlehydrate	8,18 g

Zwetschgenpudding

Vanilleflans

für 4–6 Personen

½ Vanilleschote
2 dl/200 ml Milch
2 dl/200 ml Rahm/Sahne
3 Freilandeier
20 Tropfen Stevia
oder
ca. 4 EL Stevia-Auszug,
Rezept Seite 17
(dann nur 1½ dl/150 ml Milch
verwenden)
1–2 TL Akazienhonig
oder
Agavendicksaft

2–3 EL Mandelblättchen
Rahm/Sahne

1 Die Vanilleschote längs halbieren und mit der Milch und 1 dl/100 ml Rahm in einem Topf erwärmen (nicht kochen lassen). Den Topf beiseite stellen, die Flüssigkeit erkalten lassen. Die Vanilleschote entfernen, das Vanillemark abstreifen und zur Flüssigkeit geben.

2 Den Backofen auf 180 °C vorheizen.

3 Die Milch-Rahm-Mischung mit Eiern, Stevia und Akazienhonig verquirlen. Die Puddingförmchen (1½ bis 2 dl/150 bis 200 ml Inhalt) kalt ausspülen und die Flüssigkeit einfüllen.

4 Förmchen in eine große Gratinform füllen, bis auf drei Viertel Höhe mit heißem Wasser füllen, in der Mitte in den Backofen schieben. Flans bei 180 °C 25 bis 30 Minuten stocken lassen. Garprobe: mit einer Stricknadel in den Flan stechen; an der Nadel sollte nichts mehr haften. Die Flans auskühlen lassen.

5 Die Mandelblättchen in einer Bratpfanne trocken rösten.

6 Die Flans auf Dessertteller stürzen, mit Schlagrahm und Mandelblättchen verzieren.

Broteinheiten	0,50	Eiweiß	4,53 g
Brotwert	0,63	Fett	24,95 g
Energiewert	1120,95 kJ (267,71 kcal)	Kohlehydrate	6,31 g

Schokoladen-terrine

für 6–8 Personen

100 g dunkle Schokolade (100 % Kakaoanteil)
40 g Butter
1 Eigelb
50 Tropfen Stevia
2–3 EL Akazienhonig
1½ dl/150 ml Rahm/Sahne

Schlagrahm/-sahne, Früchte oder Vanilleeis

1 Schokolade grob brechen, mit der Butter im heißen Wasserbad unter Rühren schmelzen.

2 Eigelb mit Stevia und Honig luftig aufschlagen. Schokoladenmasse unterrühren. Rahm steif schlagen und unterziehen.

3 Eine kleine Terrineform (etwa 15 cm x 8 cm) mit Klarsichtfolie auskleiden. Die Schokomasse einfüllen, im Kühlschrank 5 bis 6 Stunden fest werden lassen.

4 Die Terrine stürzen, die Folie entfernen, in Stücke schneiden. Mit Rahm, marinierten Erdbeeren, Seite 47, oder anderen Früchten oder Vanilleeis servieren.

Broteinheiten	0,59	Eiweiß	3,35 g
Brotwert	0,71	Fett	15,96 g
Energiewert	781,01 kJ (186,51 kcal)	Kohlehydrate	7,12 g

Zwetschgen-kompott

500 g Zwetschgen
12 Tropfen Stevia
oder
3–4 EL Stevia-Auszug, Rezept Seite 17
1 EL Birnendicksaft
1 Zimtstange

Zwetschgen halbieren und entsteinen, Stielansatz entfernen. Zwetschgenhälften mit Stevia, Birnendicksaft und Zimt aufkochen, bei schwacher Hitze weich kochen, ohne dass die Früchte zerfallen. Zimtstange entfernen.

Tipp Auch Birnen und Aprikosen können so zubereitet werden.

100 g enthalten			
Broteinheiten	0,74	Eiweiß	0,35 g
Brotwert	0,89	Fett	0,06 g
Energiewert	169,69 kJ (40,38 kcal)	Kohlehydrate	8,92 g

Apfel-Marroni-Mousse

250 g ungezuckertes
Marroni-/Esskastanienpüree, Seite 34
150 g Mascarpone
2–3 EL Rahm/Sahne
2–3 säuerliche Äpfel
4 Tropfen Stevia
1 EL Agavendicksaft
oder
Akazienhonig
2 dl/200 ml Rahm/Sahne
1–2 EL Mandelstifte oder
Mandelblättchen
Zimtpulver

1 Marronipüree, Mascarpone und Rahm glatt rühren. Äpfel schälen, auf einer feinen Reibe direkt zum Püree reiben, vermengen. Stevia und Agavendicksaft dazugeben, gut verrühren. Den Rahm steif schlagen und unterziehen. Die Marronimousse 2 Stunden kühl stellen.

2 Mandelstifte in einer Pfanne ohne Fett hellbraun rösten.

3 Von der Marronimousse mit einem Eisportionierer (immer wieder in heißes Wasser tauchen) Kugeln abstechen, anrichten. Mit den Mandeln und wenig Zimtpulver bestreuen.

Tipp 2 Äpfel schälen, halbieren und das Kerngehäuse entfernen, im Dampf nicht zu weich garen und dann abkühlen lassen. Die Apfelhälften auf den Tellern anrichten. 1 bis 2 Esslöffel gehobelte Mandeln in einer Pfanne ohne Fett leicht rösten. Je eine Kugel Marronimousse auf jede Apfelhälfte legen, mit gehobelten Mandeln verzieren.

100 g enthalten			
Broteinheiten	0,86	Eiweiß	3,12 g
Brotwert	1,03	Fett	10,39 g
Energiewert	620,07 kJ (148,19 kcal)	Kohlehydrate	10,34 g

Crêpes

mit Erdbeeren

Teig

60 g Dinkelweißmehl/Mehltype 405
10–12 Tropfen Stevia
1 Prise Meersalz
1 Freilandei
2½ dl/250 ml Milch
3 EL Doppelrahm/Crème double

Butter zum Braten

Füllung

500 g Erdbeeren
2 EL Agavendicksaft
oder
Ahornsirup
8 Tropfen Stevia
oder
2 EL Stevia-Auszug,
Rezept Seite 17
2 EL Zitronensaft
8 frische Pfefferminzblätter

1 Für den Crêpeteig Mehl, Stevia, Salz, Ei, Milch und Doppelrahm in einer Schüssel glatt rühren, Teig etwa 10 Minuten zugedeckt ruhen lassen.

2 Den Backofen auf 80 °C vorheizen.

3 Etwas Butter in einer kleinen beschichteten Pfanne zerlassen. Ein Achtel der Teigmasse hineingeben, unter Bewegen der Pfanne Teig dünn auslaufen lassen, bei schwacher Hitze 2 bis 4 Minuten backen. Crêpe wenden und fertig backen, etwa 1 Minute. Crêpe auf einen Teller legen, im Ofen warm stellen. Restliche Crêpes gleich backen, warm stellen.

4 Agavendicksaft oder Ahornsirup, Stevia und Zitronensaft verrühren. Die Erdbeeren entstielen und in Scheiben schneiden, mit der Sauce vermengen, 10 Minuten ziehen lassen.

5 Je Person 2 Crêpes füllen, dazu Erdbeeren mit etwas Sauce auf jede Crêpe geben und diese zuerst zur Hälfte, dann nochmals zur Hälfte einschlagen. Mit je einem Pfefferminzblatt garnieren.

100 g enthalten			
Broteinheiten	1,10	Eiweiß	2,10 g
Brotwert	1,22	Fett	2,51 g
Energiewert	360,12 kJ (86,05 kcal)	Kohlehydrate	12,23 g

Orangensoufflé

für 6 Personen

3 unbehandelte Orangen
40 Tropfen Stevia
2 EL Rum oder Orangenlikör
½ Vanilleschote
2½ dl/250 ml Milch
4 Freilandeier
1–2 EL Akazienblütenhonig
oder
Agavendicksaft
1 gehäufter EL Mehl
1 gehäufter EL Maisstärke

Butter und Zucker für die Förmchen

1 6 Souffléförmchen mit etwas Butter ausstreichen und mit dem Zucker ausstreuen, den überschüssigen Zucker ausklopfen. Die Förmchen kühl stellen.

2 Orangenschalen fein abreiben. Den Saft einer Orange auspressen, mit den Schalen in einen kleinen Topf geben und bei mittlerer Hitze 3 bis 5 Minuten kochen, 30 Tropfen Stevia und Rum unterrühren, den Topf beiseite stellen.

3 Die Vanilleschote aufschneiden, Mark abstreifen. Mark und Schote mit der Milch aufkochen, von der Wärmequelle nehmen, 5 Minuten ziehen lassen.

4 Die Eier trennen. Eigelbe, 10 Tropfen Stevia und Akazienhonig mit dem Handrührgerät schaumig schlagen. Mehl und Maisstärke unterrühren. Milch nochmals erhitzen, die Eigelbmasse einlaufen lassen, unter Rühren unter dem Siedepunkt köcheln, bis die Creme bindet. Creme in eine Schüssel umgießen. Orangensaft unterrühren. Die Creme rühren, bis sie ausgekühlt ist.

5 Den Backofen auf 180 °C vorheizen.

6 Das Eiweiß steif schlagen, sorgfältig unter die Soufflémasse ziehen, bis zum Rand in die vorbereiteten Förmchen füllen.

7 Förmchen sofort auf der zweituntersten Schiene in den Backofen schieben, Soufflés bei 180 °C 12 bis 15 Minuten backen. Sofort servieren.

Broteinheiten	1,51	Eiweiß	2,63 g
Brotwert	1,81	Fett	1,36 g
Energiewert	466,61 kJ (111,39 kcal)	Kohlehydrate	18,12 g

Rosinen-Eiscake

für 6 Personen

3 EL Wasser
2 EL Rum
12 Tropfen Stevia
300 g Rosinen
½ l Rahm/Sahne
1 TL Rum
8 Tropfen Stevia

1 Wasser und Rum mit 12 Tropfen Stevia aufkochen, Rosinen zugeben, zugedeckt beiseite stellen, 1 Stunde marinieren.

2 200 g Rosinen pürieren, restliche Rosinen beiseite stellen. 3½ dl/350 ml Rahm steif schlagen, mit den pürierten Rosinen mischen. Cakeform mit Klarsichtfolie auskleiden. Etwa ein Drittel der Masse in die Form füllen, 30 Minuten gefrieren lassen. Restlichen Rosinenrahm kalt stellen.

3 Den restlichen Rahm mit dem Rum (1 TL) und den 8 Steviatropfen steif schlagen, auf die vorgefrorene Rosinenmasse verteilen. Die restlichen Rosinen in den Rahm drücken, Eiscake weitere 30 Minuten gefrieren lassen.

4 Den restlichen Rosinenrahm einfüllen und glatt streichen. Die Folie einschlagen, Eiscreme 6 Stunden gefrieren lassen.

5 Den Eiscake 30 Minuten vor dem Anrichten in den Kühlschrank stellen, dann auf eine Platte stürzen. Folie entfernen, Cake in 2 cm dicke Scheiben schneiden.

100 g enthalten			
Broteinheiten	2,75	Eiweiß	1,23 g
Brotwert	3,31	Fett	0,30 g
Energiewert	681,10 kJ (162,73 kcal)	Kohlehydrate	33,10 g

Mangoeis

für 4–6 Personen

2 reife Mangos, 400 g Fruchtfleisch
2 EL Birnendicksaft
25 Tropfen Stevia
2 EL Orangensaft
100 g Naturjogurt
(bei Zubereitung in der Eismaschine 1 dl/100 ml Milch)
6 EL Zitronensaft
1 dl/100 ml Rahm/Sahne

1 Mangos mit dem Sparschäler schälen. Das Fruchtfleisch in Schnitzen vom Stein schneiden und klein schneiden. Mangostücke, Birnendicksaft, Stevia und Orangensaft fein pürieren.

2 Jogurt, Mangopüree und Zitronensaft verrühren. Rahm steif schlagen und unterziehen (bei Verwendung einer Eismaschine muss der Rahm nicht geschlagen werden).

3 Die Mangomasse in eine geeignete Tiefkühldose füllen, im Tiefkühler fest werden lassen. Das Eis nach etwa 1 Stunde mit einer Gabel gut durchrühren, innerhalb je einer Stunde noch 2 Mal wiederholen. Gefrierzeit: 3 bis 4 Stunden.

Tipp Dieses Eis kann auch mit anderen Früchten zubereitet werden. Bei weniger süßen Früchten braucht man etwas mehr Birnendicksaft und Stevia.

Broteinheiten	1,46	Eiweiß	2,44 g
Brotwert	1,75	Fett	7,88 g
Energiewert	654,51 kJ (156,23 kcal)	Kohlehydrate	17,52 g

Mandarinenparfait

für 6 Personen

6–8 Mandarinen
25 Tropfen Stevia
oder
5–6 EL Stevia-Auszug, Rezept Seite 17
4 Eigelbe von Freilandeiern
3 EL Agavendicksaft
3½ dl/350 ml Rahm/Sahne
½ TL gemahlene Bourbon-Vanille

1 6 Mandarinen einen Deckel abschneiden. Fruchtfleisch mit einem Kaffeelöffel herauslösen und durch ein Sieb streichen, Saft auffangen. Man benötigt 2½ dl/250 ml Saft. Wenn diese Menge noch nicht erreicht ist, weitere 1 bis 2 Mandarinen auspressen.

2 Mandarinensaft mit 15 Tropfen Stevia (oder 3 EL Stevia-Auszug) aufkochen, bei starker Hitze auf 1½ dl/150 ml einkochen lassen, beiseite stellen und auskühlen lassen.

3 Eigelbe mit Agavendicksaft und restlichem Stevia zu einer schaumigen Masse aufschlagen. Mandarinensaft unterrühren.

4 Rahm und Vanille steif schlagen, unter die Mandarinencreme ziehen. Die Masse in die ausgehöhlten Mandarinen füllen, 4 Stunden oder länger tiefkühlen. Mandarinen zum Antauen 10 Minuten vor dem Servieren in den Kühlschrank stellen.

Broteinheiten	1,10	Eiweiß	4,02 g
Brotwert	1,31	Fett	21,92 g
Energiewert	1109,83 kJ (264,73 kcal)	Kohlehydrate	13,07 g

Rhabarbereis
mit Erdbeeren

250 g Rhabarber
1–2 EL Wasser
2 EL Birnendicksaft
20 Tropfen Stevia
2–3 EL Sauermilch
1 dl/100 ml Rahm/Sahne

500 g Erdbeeren
wenig schwarzer Pfeffer
2 EL Agavendicksaft, Ahornsirup oder Akazienhonig
8 Tropfen Stevia
oder
1–2 EL Stevia-Auszug, Rezept Seite 17

1 Rhabarber schälen und in kleine Stücke schneiden, mit Wasser und Birnendicksaft zugedeckt bei schwacher Hitze kochen, bis der Rhabarber weich ist. Das Kompott mit Stevia süßen und auskühlen lassen.

2 Rahm steif schlagen. Zuerst die Sauermilch unter das Rhabarberkompott rühren, dann den Rahm unterheben.

3 Eine kleine Cakeform mit Klarsichtfolie auskleiden. Rhabarbermasse in die Form füllen, im Tiefkühler 3 Stunden fest werden lassen.

4 Die Erdbeeren in Scheiben schneiden, mit wenig schwarzem Pfeffer würzen und mit Agavendicksaft und Stevia süßen. 30 Minuten marinieren.

5 Rhabarbereis 30 Minuten vor dem Servieren im Kühlschrank antauen lassen, stürzen. Folie entfernen, Rhabarbereis in Scheiben schneiden, auf Tellern anrichten, mit den Erdbeeren umgeben.

Tipp Anstelle von Rhabarber können auch Erdbeeren oder andere Beeren verwendet werden.

100 g enthalten			
Broteinheiten	0,50	Eiweiß	0,99 g
Brotwert	0,63	Fett	3,44 g
Energiewert	262,63 kJ (62,67 kcal)	Kohlehydrate	6,32 g

Kleingebäck

Mandeltaler

100 g zimmerwarme Butter
1 Freilandei
20 Tropfen Stevia
2 EL Akazienblütenhonig oder Agavendicksaft oder Ahornsirup
1 Prise Meersalz
1 Prise Nelkenpulver
1 Prise Zimtpulver
125 g geriebene Mandeln oder Haselnüsse
150 g Dinkelvollkornmehl oder Dinkelruchmehl/Mehltype 1050 oder Dinkelweißmehl/Mehltype 630
1 Eigelb von einem Freilandei

1 Butter, Ei, Stevia, Akazienhonig, Salz, Nelken- und Zimtpulver glatt rühren. Die Mandeln und das Mehl dazugeben, zu einem festen Teig zusammenfügen, dann eine Rolle von 4 cm Durchmesser formen und in Klarsichtfolie einwickeln, 30 Minuten kühl stellen.

2 Den Backofen auf 200 °C vorheizen. Ein Backblech mit Backpapier belegen.

3 Teigrolle in 7 bis 8 mm dicke Scheiben schneiden, auf das Backblech legen. Die Mandeltaler mit Eigelb bestreichen.

4 Das Blech auf halber Höhe in den Ofen schieben. Die Mandeltaler bei 200 °C 12 Minuten backen.

100 g enthalten			
Broteinheiten	2,30	Eiweiß	10,70 g
Brotwert	2,69	Fett	34,58 g
Energiewert	1918,49 kJ (458,20 kcal)	Kohlehydrate	26,87 g

Zimtsterne

Teig

2 Eiweiß von Freilandeiern
20 Tropfen Stevia
2 EL Agavendicksaft oder Akazienhonig
125 g geriebene Mandeln
½ TL Zimtpulver
1 Prise Nelkenpulver
½ unbehandelte Zitrone, abgeriebene Schale und 1 EL Saft

Glasur

1 EL Wasser
1 EL Zitronensaft
ca. 100 g Puderzucker

1 Eiweiß steif schlagen, die Steviatropfen unterrühren. Agavendicksaft, Honig, Mandeln, Zimt- und Nelkenpulver, Zitronenschalen und 1 EL Zitronensaft vorsichtig unterziehen. 30 Minuten kühl stellen.

2 Backofen auf 140 °C vorheizen. Ein Backblech mit Backpapier belegen.

3 Teig zwischen zwei Klarsichtfolien etwa 5 mm dick ausrollen und Sterne ausstechen. Zimtsterne auf das Backblech legen.

4 Das Backblech im unteren Drittel in den Backofen schieben, Zimtsterne bei 140 °C etwa 20 Minuten trocknen.

5 Für die Glasur das Wasser und den Zitronensaft glatt rühren, so viel Puderzucker unterrühren, bis die Masse dickflüssig ist. Sterne mit der Glasur bestreichen.

100 g enthalten			
Broteinheiten	3,13	Eiweiß	8,86 g
Brotwert	3,76	Fett	19,12 g
Energiewert	1501,96 kJ (358,61 kcal)	Kohlehydrate	37,57 g

Power-Riegel

150 g Haferflocken
100 g geriebene Mandeln
50 g Sonnenblumenkerne
100 g gemischte, ungeschwefelte Dörrfrüchte: Aprikosen, Pflaumen, Feigen, Datteln
2 EL Akazienblütenhonig
15 Tropfen Stevia oder 4 EL Stevia-Auszug, Rezept Seite 17
2–3 dl/200–300 ml Milch
75 g Dinkelvollkorn- oder Dinkelruchmehl/ Mehltype 1050

1 Haferflocken, Mandeln und Sonnenblumenkerne in einer Schüssel mischen. Trockenfrüchte klein schneiden und dazugeben. Akazienhonig, Stevia und Milch unterrühren. Mehl nach und nach unterrühren.

2 Den Backofen auf 200 °C vorheizen. Den Rücken eines großen rechteckigen Backblechs mit Backpapier belegen.

3 Teig auf dem Backpapier fingerdick ausstreichen. Blech auf halber Höhe in den Backofen schieben und bei 200 °C 20 bis 25 Minuten backen. Das Blech aus dem Ofen nehmen und das noch warme Gebäck in beliebig große Riegel schneiden.

100 g enthalten			
Broteinheiten	2,76	Eiweiß	9,14 g
Brotwert	3,32	Fett	12,18 g
Energiewert	1176,34 kJ (280,87 kcal)	Kohlehydrate	33,21 g

Muffins
mit Dörrfrüchten

für 12 Stück

150 g Dörrfrüchte, z. B. Feigen, Datteln, Pflaumen, Rosinen
250 g Dinkelweißmehl/Mehltype 630 oder Dinkelruchmehl/Mehltype 1050
3 TL phosphatfreies Backpulver
1 Msp Meersalz
½ TL Zimtpulver
½ TL Lebkuchengewürzmischung
60 g flüssige Butter
3½ dl/350 ml Milch
30 Tropfen Stevia

1 Den Backofen auf 180 °C vorheizen.

2 Die Dörrfrüchte am besten in einem Blitzhacker fein zerkleinern.

3 Dörrfrüchte, Mehl, Backpulver, Salz, Zimt sowie Lebkuchengewürz in einer Schüssel mischen. Butter, Milch und Stevia verquirlen, unterrühren.

4 Muffinblech einfetten oder 3 Muffin-Papierförmchen (für eine schöne Form) ineinander stecken. Mit dem Teig füllen.

5 Die Muffins auf halber Höhe in den Ofen schieben, bei 180 °C 25 bis 30 Minuten backen.

Tipps Die Muffins schmecken zum Frühstück ebenso wie als Snack oder als Dessert. Sie eignen sich auch zum Einfrieren.

Broteinheiten	2,10	Eiweiß	3,52 g
Brotwert	2,45	Fett	4,53 g
Energiewert	648,92 kJ (155,08 kcal)	Kohlehydrate	24,49 g

Waffeln – Brezeln

125 g zimmerwarme Butter
2 Freilandeier
40 Tropfen Stevia
2–3 EL Akazienhonig
1 Prise Meersalz
½ unbehandelte Zitrone
250 g Dinkelweißmehl/Mehltype 630

1 Butter, Eier, Stevia, Akazienhonig und Salz glatt rühren. Abgeriebene Zitronenschalen und Mehl unterrühren. Den Teig 30 Minuten ruhen lassen.

2 Aus dem Teig kleine Kugeln formen, nacheinander auf das Waffel-/Brezeleisen legen, hellbraun backen.

Tipp Waffeln/Brezeln immer frisch zubereiten, sie werden schnell weich.

100 g enthalten			
Broteinheiten	2,80	Eiweiß	7,85 g
Brotwert	3,34	Fett	21,86 g
Energiewert	1511,68 kJ (361,19 kcal)	Kohlehydrate	33,39 g

Lebkuchen

Backblech 36 x 40 cm

500 g Dinkelruchmehl/Mehltype 1050
1 EL phosphatfreies Backpulver
4 EL Lebkuchengewürz
2 EL Kakaopulver
4 EL Oliven- oder Rapsöl
50 Tropfen Stevia
5 EL Akazienhonig
4 dl/400 ml Milch

1 Mehl, Backpulver, Lebkuchengewürz und Kakaopulver in einer Schüssel mischen und eine Vertiefung in die Mitte drücken. Öl, Stevia und Honig in die Vertiefung geben. Die Milch langsam dazugeben, gut rühren, bis die Masse zähflüssig ist. Den Teig mit einem Holzlöffel schlagen, bis sich Luftblasen bilden.

2 Ein Backblech mit Backpapier belegen, den Teig darauf verteilen.

3 Das Backblech in den kalten Ofen schieben, den Lebkuchen bei 200 °C 20 Minuten backen.

4 Lebkuchen auskühlen lassen, in beliebig große Stücke schneiden.

100 g enthalten			
Broteinheiten	2,96	Eiweiß	7,16 g
Brotwert	3,55	Fett	7,34 g
Energiewert	997,20 kJ (238,26 kcal)	Kohlehydrate	35,53 g

100 g Butter
12 Tropfen Stevia
4 EL Akazienhonig
280 g Datteln
120 g Reis-Crispies

1 Die Datteln entsteinen und grob hacken.

2 Ein großes rechteckiges Backblech einfetten.

3 Butter, Stevia und Honig in einem Topf erwärmen. Datteln dazugeben, bei schwacher Hitze unter ständigem Rühren köcheln, bis sie weich sind. Den Topf von der Wärmequelle nehmen, Reis-Crispies unterrühren.

4 Die noch warme Dattel-Crispy-Masse sofort etwa 2 cm hoch auf dem eingefetteten Backblech ausstreichen, auskühlen lassen. Die erkaltete Masse in kleine Quadrate schneiden.

100 g enthalten			
Broteinheiten	5,00	Eiweiß	2,47 g
Brotwert	5,88	Fett	15,30 g
Energiewert	1616,79 kJ (385,89 kcal)	Kohlehydrate	58,83 g

Dattel-Crispies

Birnenwecken

Hefeteig

10 g Bio-Frischhefe
2 EL lauwarmes Wasser
40 g Butter
2 dl/200 ml Milch
325–350 g Dinkelruchmehl/
Mehltype 1050
½ TL Meersalz
5 Tropfen Stevia

Füllung

80 g Dörrbirnen
80 g getrocknete Feigen
1 dl/100 ml Wasser
10 Tropfen Stevia
oder
2–3 EL Stevia-Auszug, Rezept Seite 17
(dann nur 0,7 dl/70 ml Wasser)
3 EL geriebene Mandeln
1 Prise Zimtpulver
oder
Birnenweckengewürz/
Früchtebrotgewürz (Reformhaus)

1 Harte Dörrbirnen über Nacht in warmem Wasser einweichen. Bei den Birnen und den Feigen den Stielansatz wegschneiden, Früchte klein schneiden. Früchte, Wasser und Stevia bei schwacher Hitze weichkochen, mit dem Stabmixer pürieren, erkalten lassen. Mandeln unterrühren, mit Zimt würzen.

2 Hefe mit dem Wasser verrühren. Butter in einem Topf bei schwacher Hitze zerlassen, beiseite stellen und die Milch zufügen.

3 Das Mehl mit dem Salz in einer Schüssel mischen. Hefe, Stevia und Butter-Milch-Mischung dazugeben, zu einem geschmeidigen Teig kneten. Schüssel mit einem feuchten Tuch bedecken, Hefeteig bei Zimmertemperatur etwa 30 Minuten gehen lassen.

4 Den Hefeteig 5 mm dick ausrollen, 2 gleich große Rechtecke oder beliebig große Rechtecke schneiden. Fruchtmasse auf dem Teig ausstreichen, Schmalseiten einschlagen, dann längs aufrollen. Auf ein eingefettetes Backblech legen, 15 Minuten ruhen lassen.

5 Den Backofen auf 200 °C Umluft vorheizen.

6 Birnenwecken mit Wasser bepinseln, mit einer Gabel ein paar Mal einstechen. In der Ofenmitte bei 200 °C je nach Größe 20 bis 30 Minuten backen. Bei Ober- und Unterhitze das Blech auf der untersten Schiene einschieben und nach dem Aufheizen ohne Unterhitze backen.

100 g enthalten			
Broteinheiten	3,10	Eiweiß	6,70 g
Brotwert	3,61	Fett	7,21 g
Energiewert	992,39 kJ (237,02 kcal)	Kohlehydrate	36,12 g

Kokosguetzli

125 g weiche Butter
2 EL Agavendicksaft
15 Tropfen Stevia
oder
3–4 EL Stevia-Auszug,
Rezept Seite 17
1 TL Bourbon-Vanille
1 Prise Meersalz
2 Freilandeier
1 unbehandelte Zitrone,
abgeriebene Schale
200 g Dinkelhalbweiß/
Mehltype 1050 oder
Dinkelweißmehl/
Mehltype 630
½ TL phosphatfreies Backpulver
100 g Kokosraspel

1 Butter, Agavendicksaft, Stevia, Vanille und Salz glatt rühren. Eier dazugeben, luftig aufschlagen.

2 Mehl, Backpulver und Kokosraspeln mischen und löffelweise unter die Butter-Eier-Masse rühren. Zu einem glatten, geschmeidigen Teig verarbeiten. Mindestens 1 Stunde kühl stellen.

3 Den Backofen auf 180 °C vorheizen.

4 Backblech mit Backpapier belegen. Teig portionsweise auf leicht bemehlter Arbeitsfläche 3 bis 4 mm dick ausrollen. Beliebig große Rondellen ausstechen, mit genügend Abstand auf das Blech legen.

5 Kokosguetzli auf halber Höhe in den Ofen schieben, 10 Minuten bei 180 °C backen.

100 g enthalten			
Broteinheiten	2,30	Eiweiß	7,02 g
Brotwert	2,74	Fett	29,03 g
Energiewert	1665,91 kJ (397,87 kcal)	Kohlehydrate	27,42 g

150 g Dinkelweißmehl/
Mehltype 630
1 Freilandei
20 Tropfen Stevia
3 EL Akazienhonig oder
Agavendicksaft
80 g weiche Butter

1 Eigelb zum Bepinseln

1 Butter, Ei, Stevia und Akazienhonig zu luftiger Masse rühren, Mehl zugeben und zu einem weichen Teig zusammenfügen. Mailänderliteig in Klarsichtfolie wickeln und 1 Stunde kühl stellen.

2 Den Backofen auf 180 °C vorheizen.

3 Ein großes rechteckiges Backblech mit Backpapier belegen.

4 Teig auf wenig Mehl 2 bis 3 mm dick ausrollen, beliebige Sujets ausstechen, auf das Blech legen, mit Eigelb bepinseln.

5 Mailänderli auf halber Höhe in den Ofen schieben, bei 180 °C 10 bis 15 Minuten backen. Auf einem Kuchengitter erkalten lassen.

100 g enthalten			
Broteinheiten	3,35	Eiweiß	7,35 g
Brotwert	4,03	Fett	23,03 g
Energiewert	1662,50 kJ (397,23 kcal)	Kohlehydrate	40,30 g

Mailänderli

Kuchen

Quittenkuchen

für eine Kuchenform von 26 cm Ø

250 g Blätterteig

350–400 g Quitten
2 dl/200 ml Wasser
1 EL Birnendicksaft
10 Tropfen Stevia oder
ca. 2 EL Stevia-Auszug,
Rezept Seite 17

Guss
1 Freilandei
3 EL Vollmilchquark
1 dl/100 ml Rahm/Sahne
12 Tropfen Stevia
1 EL Birnendicksaft
1 Eigelb von einem Freilandei

1 Den Blätterteig rund ausrollen und in die Form legen. Kühl stellen.

2 Den Flaum der Quitten mit einem trockenen Tuch abreiben, Früchte schälen, vierteln und das Kerngehäuse großzügig wegschneiden, Viertel in Schnitze schneiden. Wasser, Birnendicksaft und Stevia in einem Topf aufkochen, die Quittenschnitze darin weich garen, dann in einem Sieb abtropfen lassen.

3 Den Backofen auf 200 °C vorheizen.

4 Für den Guss sämtliche Zutaten verrühren.

5 Quittenschnitze auf den Teigboden verteilen, den Guss darüber gießen.

6 Quittenkuchen im unteren Drittel in den Ofen schieben, bei 200 °C 25 bis 30 Minuten backen.

100 g enthalten			
Broteinheiten	0,84	Eiweiß	2,35 g
Brotwert	1,01	Fett	11,46 g
Energiewert	640,48 kJ (153,17 kcal)	Kohlehydrate	10,08 g

Rahmfladen

für eine Kuchenform von 23 cm Ø

Hefeteig

10 g Bio-Frischhefe
etwas lauwarmes Wasser
150 g Dinkelweißmehl/ Mehltype 630
1 Msp Meersalz
20 g Butter
10 Tropfen Stevia
oder
2–3 EL Stevia-Auszug, Rezept Seite 17
1 dl/100 ml Milch

Guss

2 dl/200 ml Rahm/Sahne
1 dl/100 ml Milch
1 Freilandei
12 Tropfen Stevia
1 EL Akazienblütenhonig oder Agavendicksaft, nach Belieben

1 Die Hefe in wenig Wasser auflösen. Das Mehl in einer Schüssel mit dem Salz mischen. Die Butter in einem Pfännchen schmelzen, die Milch und das Stevia dazugeben, mit der Hefe zum Mehl geben. Alles zu einem geschmeidigen Teig verarbeiten. Der Teig auf bemehlter Arbeitsfläche kräftig kneten, in die Schüssel legen, diese mit einem feuchten Tuch bedecken, den Teig 1 Stunde gehen lassen, bis er etwa das doppelte Volumen hat.

2 Kuchenform (oder den Boden einer Springform) mit Backpapier belegen. Den Hefeteig ausrollen und in das Blech legen, den Rand umschlagen, sodass er die doppelte Dicke bekommt. Die Form mit einem feuchten Tuch bedecken und den Teig nochmals 1 Stunde gehen lassen.

3 Rahm, Milch, Ei, Stevia und Honig verrühren und auf den Teigboden gießen.

4 Rahmfladen in den kalten Ofen schieben. Ofen auf 180 °C aufheizen, den Kuchen 30 bis 40 Minuten backen, bis die Oberfläche goldbraun ist. Der Rahmfladen schmeckt lauwarm und kalt.

100 g enthalten			
Broteinheiten	1,80	Eiweiß	5,56 g
Brotwert	2,12	Fett	12,44 g
Energiewert	916,26 kJ (218,83 kcal)	Kohlehydrate	21,20 g

Linzertorte

für eine Springform von 24 cm Ø

Teig

200 g zimmerwarme Butter
1 Freilandei
2 EL Agavendicksaft
22 Tropfen Stevia
1 Prise Meersalz
½ unbehandelte Zitrone, abgeriebene Schale
½ TL Zimtpulver
1 Prise Nelkenpulver
200 g Dinkelweißmehl/ Mehltype 630
200 g geriebene Haselnüsse oder Mandeln
eventuell 3–4 EL Milch

Füllung

200 g Himbeer- oder Aprikosenaufstrich, Rezept Seite 20, oder gekaufter reiner Fruchtaufstrich ohne Zucker

1 Die Butter glatt rühren. Ei, Agavendicksaft, Stevia und Salz hinzufügen, luftig aufschlagen. Zitronenschalen, Zimt- und Nelkenpulver dazugeben. Mehl und Haselnüsse nach und nach unter die Masse mischen. Falls der Teig zu trocken ist, 3 bis 4 Esslöffel Milch hinzufügen. Zu einem weichen Teig kneten und diesen 30 Minuten kühl stellen.

2 Den Backofen auf 180 °C vorheizen.

3 Eine Springform oder ein kleines rundes Kuchenblech einfetten, drei Viertel des Teigs in der Form mit einem kleinen Teigroller ausrollen. Den Teigboden mit Fruchtaufstrich bestreichen, rundum etwa 2 cm Rand frei lassen. Vom restlichen Teig (für die Garnitur ein etwa eigroßes Stück beiseite legen) eine Rolle formen, diese auf den Rand setzen, leicht andrücken, mit dem Messer gleichmäßig eindrücken.

4 Restlichen Teig ausrollen, Herzchen oder beliebige Formen ausstechen, auf die Linzertorte legen.

5 Linzertorte auf der untersten Schiene in den Ofen schieben, etwa 30 Minuten bei 180 °C backen.

Tipp Die Linzertorte schmeckt auch mit Dinkelvollkornmehl sehr gut.

100 g enthalten			
Broteinheiten	1,81	Eiweiß	5,85 g
Brotwert	2,17	Fett	31,08 g
Energiewert	1624,78 kJ (388,24 kcal)	Kohlehydrate	21,74 g

Apfelpie

für eine Springform von 24 cm Ø

500 g Dinkelblätterteig
(Reformhaus oder Bioladen)

Füllung
4–5 säuerliche Äpfel
3 EL Sultaninen
1 TL Zimtpulver
24 Tropfen Stevia
2 EL Akazienblütenhonig,
nach Belieben
2 EL Zitronensaft

1 Die Äpfel waschen, mit Schale auf der Röstiraffel grob raspeln. Sultaninen, Zimtpulver, Stevia, Akazienhonig und Zitronensaft zugeben, gut mischen.

2 Den Backofen auf 200 °C vorheizen.

3 300 g Blätterteig rund und groß genug ausrollen, dass der Rand über die Füllung gelegt werden kann. Die Springform kalt ausspülen und die Teigrondelle hineinlegen. Die Apfelfüllung darauf verteilen. Den Teig darüber legen, mit wenig Wasser bepinseln. Den restlichen Teig rund ausrollen, auf die Füllung legen und den Rand andrücken. Aus den Teigresten Verzierungen ausstechen, mit wenig Wasser bepinselt auf den Deckel drücken.

4 Die Apfelpieauf halber Höhe in den Ofen schieben, bei 200 °C 25 Minuten backen.

100 g enthalten			
Broteinheiten	1,88	Eiweiß	1,99 g
Brotwert	2,26	Fett	13,90 g
Energiewert	938,09 kJ (224,35 kcal)	Kohlehydrate	22,62 g

Japonaisböden

Kuchenblech von 36 cm x 40 cm

3 Eiweiß von Freilandeiern
12 Tropfen Stevia
2 EL Agavendicksaft
60 g geriebene Mandeln

1 Den Ofen auf 120 °C vorheizen. Eiweiß steif schlagen und Stevia tropfenweise dazugeben, weiterschlagen, den Agavendicksaft und die geriebenen Mandeln unterziehen. Die Eischneemasse in Spritzsack mit kleiner Lochtülle füllen und auf ein mit Backpapier belegtes Blech schneckenförmige Rondellen von etwa 5 cm Ø spritzen.

2 Japonaisböden im vorgeheizten Ofen bei 120 °C 25 bis 30 Minuten trocknen lassen. Im ausgeschalteten Backofen auskühlen lassen.

100 g enthalten			
Broteinheiten	1,08	Eiweiß	11,80 g
Brotwert	1,31	Fett	16,75 g
Energiewert	1042,62 kJ (249,08 kcal)	Kohlehydrate	13,06 g

Brotkuchen/ Torta di Pane

Springform 20 cm Ø

200 g altbackenes Brot
½ l Milch
1 Freilandei
15 Tropfen Stevia
1 EL Amaretto
1 EL Kakaopulver
50 g geriebene Mandeln
150 g Rosinen
1 Hand voll Mandelsplitter
10–20 g Butter

1 Den Backofen auf 180 °C vorheizen.

2 Das Brot mit der heißen Milch übergießen, etwa 30 Minuten quellen lassen, dann mit einer Gabel zerpflücken. Ei, Stevia, Amaretto, Kakao, Mandeln und Rosinen untermischen.

3 Die Brotmasse in die eingefettete Springform füllen, Mandelsplitter und in Stückchen geschnittene Butter darüber verteilen.

4 Brotkuchen auf halber Höhe in den Ofen schieben, bei 180 °C etwa 35 Minuten backen.

100 g enthalten			
Broteinheiten	1,80	Eiweiß	6,00 g
Brotwert	2,17	Fett	8,59 g
Energiewert	810,11 kJ (193,42 kcal)	Kohlehydrate	21,68 g

Apfelkuchen

für eine Kuchenform von 24 cm Ø

Geriebener Teig/ Mürbteig

250 g Dinkelweißmehl/ Mehltype 630
120 g kalte Butterstückchen
1 Prise Meersalz
15 Tropfen Stevia
1 Freilandei
1–2 EL Wasser

Belag

4–5 Äpfel
1 EL Akazienblütenhonig, Agavendicksaft oder Birnendicksaft
1 EL Stevia-Auszug, Rezept Seite 17 oder 4 Tropfen Stevia
150 g Rosinen

1 Mehl und Butter krümelig reiben, Salz, Stevia, Ei sowie Wasser zugeben, rasch zu einem Teig zusammenfügen. Den Teig zwischen zwei Klarsichtfolien auf Formgröße ausrollen, eine Folie entfernen. Die Teigrondelle in die eingefettete Form stürzen, zweite Folie entfernen, 20 Minuten oder länger kühl stellen.

2 Äpfel schälen, vierteln und entkernen, Fruchtviertel quer in nicht zu feine Scheiben schneiden, mit Akazienhonig und Stevia in einer Pfanne 2 Minuten dünsten, auskühlen lassen.

3 Den Backofen auf 250 °C vorheizen.

4 Teigboden mit den Rosinen bedecken, die Äpfel darauf verteilen.

5 Den Apfelkuchen im unteren Drittel in den Ofen schieben, bei 250 °C etwa 15 Minuten backen, sofort aus der Form nehmen und auf einem Kuchengitter erkalten lassen.

100 g enthalten			
Broteinheiten	2,50	Eiweiß	3,19 g
Brotwert	2,97	Fett	9,34 g
Energiewert	912,95 kJ (218,27 kcal)	Kohlehydrate	29,68 g

Karottenkuchen

für eine Springform von 18 cm Ø

1 unbehandelte Zitrone
175 g Dinkelweißmehl/ Mehltype 630
1 EL phosphatfreies Backpulver
1 TL Zimtpulver
½ TL Kardamompulver
1 Msp Nelkenpulver
1 Prise Meersalz
125 g geriebene Mandeln
150 g Karotten/Möhren
2 Freilandeier
15 Tropfen Stevia
oder
3–4 EL Stevia-Auszug, Rezept Seite 17
2–4 EL Agavendicksaft oder Vollrohrzucker
100 g ausgekühlte flüssige Butter

Puderzucker zum Bestäuben, nach Belieben

1 Karotten schälen, auf der Rohkostreibe fein reiben, Zitronenschale fein dazureiben, den Saft auspressen und unterrühren.

2 Den Backofen auf 180 °C vorheizen. Die Form einfetten.

3 Mehl, Backpulver, Gewürze, Salz, Mandeln und Karotten mischen.

4 Die Eier aufschlagen, Stevia und Agavendicksaft dazugeben und die Masse schaumig schlagen. Die Butter unterrühren.

5 Eier-Butter-Masse und Mehl-Karotten-Mischung sorgfältig vermengen. Den Teig in die vorbereitete Form füllen.

6 Karottenkuchen auf der untersten Rille in den Backofen schieben, bei 180 °C 50 Minuten backen. Vor dem Servieren nach Belieben mit dem Puderzucker bestäuben.

Tipp Dieser Kuchen schmeckt auch nach 3 Tagen noch gut.

100 g enthalten			
Broteinheiten	1,95	Eiweiß	7,48 g
Brotwert	2,34	Fett	21,42 g
Energiewert	1322,33 kJ (315,92 kcal)	Kohlehydrate	23,36 g

Blätterteigkissen

mit Früchtemousse

100 g ausgerollter Blätterteig

100 g Früchte,
z. B. Beeren, Rhabarber,
Aprikosen usw.
12 Tropfen Stevia
50 g Mascarpone
½ dl/50 ml Rahm/Sahne
1 EL Rahmhalter/Sahnesteif
(bei Verwendung
von Beeren oder Rhabarber)

Früchte für die Garnitur

1 Beeren mit Stevia mischen, pürieren. Rhabarber schälen und in Stücke schneiden. Aprikosen halbieren, Stein und Stielansatz entfernen, in kleine Stücke schneiden. Früchte mit Stevia in einem Topf offen kochen, bis die Früchte weich sind und die Flüssigkeit ganz verdampft ist. Beiseite stellen, auskühlen lassen, pürieren. Die Mascarpone unter die pürierten Beeren/Früchte rühren. Rahm mit Rahmhalter/Sahnesteif schlagen und unterziehen, 20 Minuten kühl stellen.

2 Den Backofen auf 230 °C vorheizen.

3 Den Blätterteig mit einem Teigrädchen in 4 cm große Quadrate schneiden. Innerhalb der Quadrate mit einem Messer ein kleineres Quadrat einschneiden, dieses mit einer Gabel gleichmäßig einstechen. Blätterteigquadrate auf ein kalt abgespültes Blech legen, 10 Minuten kühl stellen. Blech auf halber Höhe in den Ofen schieben, Gebäck bei 230 °C 3 bis 5 Minuten backen. Temperatur auf 180 °C zurückschalten, fertig backen, 6 bis 8 Minuten. Abkühlen lassen.

4 Fruchtmousse in einen Spritzbeutel mit großer gezackter Tülle füllen und auf die Blätterteigkissen spritzen, mit Früchten garnieren.

Tipps/Varianten Gekühlter Blätterteig geht am besten auf. Den gleichen Effekt erzielt man, wenn zum Backen eine Tasse Wasser in den Ofen gestellt wird.

100 g enthalten			
Broteinheiten	1,50	Eiweiß	3,47 g
Brotwert	1,33	Fett	17,86 g
Energiewert	952,17 kJ (227,50 kcal)	Kohlehydrate	13,30 g

Fruchtwähe

für eine Kuchenform von 26–28 cm Ø

Teig

- 200 g Dinkelweißmehl/Mehltype 630
- ½ Päckchen phosphatfreies Backpulver
- 125 g Magerquark
- 2 EL Oliven- oder Rapsöl
- 5 EL Milch
- 15 Tropfen Stevia

Belag

- 3–4 Äpfel oder Birnen
- oder
- 600 g beliebige Früchte

Guss

- 2 dl/200 ml Milch
- 1 dl/100 ml Rahm/Sahne
- 2 Freilandeier
- 12 Tropfen Stevia
- 2 EL Akazienblütenhonig, nach Belieben

1 Mehl und Backpulver in einer Schüssel mischen, eine Vertiefung drücken, Quark, Öl, Milch und Stevia in die Vertiefung geben und verrühren, zu einem Teig zusammenfügen, nicht kneten, Teig kurz ruhen lassen.
Den Teig zwischen zwei Klarsichtfolien auf Formgröße ausrollen, eine Folie entfernen, die Teigrondelle in die eingefettete Form stürzen, zweite Folie entfernen.

2 Den Backofen auf 200 °C vorheizen.

3 Äpfel/Birnen schälen und vierteln, Kerngehäuse entfernen. Fruchtviertel in Scheiben schneiden, auf den Teigboden legen. Guss darüber gießen.

4 Fruchtwähe im unteren Drittel in den Ofen schieben und bei 200 °C 25 bis 30 Minuten backen.

100 g enthalten			
Broteinheiten	2,00	Eiweiß	4,85 g
Brotwert	1,80	Fett	5,76 g
Energiewert	604,09 kJ (144,32 kcal)	Kohlehydrate	18,02 g

Schokoladenkuchen

für eine Cake-/Kastenform von 23–26 cm Länge

150 g zimmerwarme Butter
50 Tropfen Stevia
4–5 EL Akazienblütenhonig oder Agavendicksaft
20 g Kakaopulver
3 Freilandeier
1 dl/100 ml Rahm/Sahne
200 g Dinkelweißmehl/Mehltype 630
1 Päckchen phosphatfreies Backpulver

1 Den Backofen auf 220 °C vorheizen. Form mit Backpapier auskleiden.

2 Die Butter luftig aufschlagen, bis sich Spitzchen bilden. Stevia, Akazienhonig und Kakaopulver unterrühren. Ein Ei nach dem andern unter die Buttermasse schlagen. Rahm langsam und unter ständigem Rühren dazugeben.

3 Das Mehl mit dem Backpulver mischen, portionsweise unter den Teig rühren. Der Teig soll zäh von der Kelle reißen, je nach Festigkeit mit ein wenig Rahm oder Mehl «korrigieren». Teig in die vorbereitete Form füllen.

4 Form auf der untersten Schiene in den Ofen schieben, Schokoladenkuchen 10 Minuten bei 220 °C, dann 30 Minuten bei 180 °C backen.

Tipp Mit Schlagrahm/-sahne servieren.

100 g enthalten			
Broteinheiten	2,60	Eiweiß	6,32 g
Brotwert	3,10	Fett	24,34 g
Energiewert	1535,16 kJ (366,70 kcal)	Kohlehydrate	30,97 g

Biskuitroulade

mit Marronifüllung

Biskuitteig

3 Freilandeier
2 EL Agavendicksaft
10 Tropfen Stevia
1 Prise Meersalz
6 Tropfen Stevia
80 g Dinkelweißmehl/Mehltype 630

Marronifüllung

220 g Marroni-/Esskastanienpüree, Seite 34
2 dl/200 ml Rahm/Sahne
Kakaopulver

Apfelfüllung

2 säuerliche Äpfel
2 EL Zitronensaft
5 Tropfen Stevia
1 EL Agavendicksaft oder Ahornsirup
2 dl/200 ml Rahm/Sahne
Zimtpulver

1 Backofen auf 200 °C vorheizen. Rücken eines großen rechteckigen Blechs mit Backpapier belegen.

2 Eier trennen. In einer Schüssel Eigelbe, Agavendicksaft und 10 Tropfen Stevia mit dem Handrührgerät schaumig rühren. Eiweiß mit Salz steif schlagen, 6 Tropfen Stevia dazugeben, kurz weiterschlagen, bis die Masse glänzt. Das Mehl lagenweise mit dem Eischnee auf die Eigelbmasse geben, mit einem Teigschaber sorgfältig unterziehen. Den Teig auf dem Blechrücken zu einem Rechteck von 22 x 30 cm ausstreichen. Im Backofen auf halber Höhe bei 200 °C 6 Minuten backen. Biskuit mit Papier auf Arbeitsfläche ziehen und mit dem umgekehrten Blech zudecken, auskühlen lassen.

3 Marronipüree mit wenig Rahm cremig rühren. Restlichen Rahm steif schlagen, unterziehen. Wer die Füllung süß liebt, rührt noch 4 bis 5 Tropfen Stevia oder 1 Esslöffel Stevia-Auszug unter die Masse.

4 Die Ränder des Biskuits gerade schneiden. Die Hälfte der Marronifüllung auf das Biskuit streichen, an den Längsseiten 3 cm Rand frei lassen. Biskuit längs aufrollen. Die Roulade mit der restlichen Füllung bestreichen, mit dem Kakaopulver bestäuben. Mindestens 3 Stunden kühl stellen.

Biskuitroulade mit Apfelfüllung Äpfel schälen und auf der Rohkostreibe fein reiben, sofort mit Zitronensaft mischen, damit die Äpfel sich nicht braun verfärben, mit Stevia und Agavendicksaft süßen. Rahm steif schlagen, unter die Masse ziehen.

100 g enthalten (mit Marronifüllung)			
Broteinheiten	1,45	Eiweiß	5,86 g
Brotwert	1,73	Fett	12,91 g
Energiewert	882,06 kJ (210,63 kcal)	Kohlehydrate	17,30 g

100 g enthalten (mit Apfelfüllung)			
Broteinheiten	1,50	Eiweiß	4,76 g
Brotwert	1,78	Fett	10,18 g
Energiewert	762,72 kJ (182,11 kcal)	Kohlehydrate	17,76 g

Register

Agar-Agar
Pflanzliches Bindemittel aus Meeresalgen. Erhältlich im Bioladen, im Reformhaus und beim Großverteiler. Für die Rezepte in diesem Buch wurde Pulver aus dem Reformhaus/Bioladen verwendet (Agar-Agar hat je nach Lieferant eine andere Bindekraft).

Agavendicksaft
Das Herz der Agave wird zerkleinert, das Mus gepresst und der so gewonnene Saft gefiltert und eingedickt. Erhältlich im Bioladen/Reformhaus.

Ahornsirup
Für kanadischen Sirup wird der im Frühjahr in den Bäumen steigende Saft gewonnen und zu einem Konzentrat eingedickt.

Akazienhonig
Milder, neutraler, flüssiger Honig mit hellgelber Farbe und zartem Duft. Kann durch beliebigen hellen Blütenhonig ersetzt werden.

Backpulver
Phosphatfreies Backpulver. Im Bioladen oder im Reformhaus erhältlich.

Birnendicksaft
Birnensaftkonzentrat

Bourbon-Vanille
Gemahlene Vanilleschoten. Das Extrakt ist im Bioladen und im Reformhaus erhältlich.

Bourbon-Vanillezucker
Mischung aus gemahlenen Vanilleschoten und Zucker. Vanillezucker selber herstellen: 100 g Zucker in ein Glas mit Schraubdeckel füllen. 1 bis 2 Vanilleschoten längs aufschneiden und beifügen. 2 Wochen stehen lassen, dann ist der Zucker aromatisiert und kann nach Rezeptangabe verwendet werden.

Dinkelmehl
Wird von vielen Menschen, die unter einer Weizenunverträglichkeit leiden, gut vertragen. Es ist auf sortenreinen, unverfälschten Ur-Dinkel zu achten. Im Bioladen und im Reformhaus, teils auch im Supermarkt erhältlich. Dinkelmehl kann durch Weizenmehl ersetzt werden.

Hefe
Enthält in Bioqualität keine Emulgatoren und ist deshalb empfehlenswerter als konventionelle Hefe. Erhältlich im Bioladen, im Reformhaus und in gut sortierten Supermärken.

Kokosnuss
Im Supermarkt, Asienladen, Bioladen und Reformhaus sind Raspel, Flocken und Milch erhältlich.

Produkte-Abc

Milch
Die Kuhmilch kann durch Reis-, Mandel- oder Sojamilch ersetzt werden.

Steviatropfen
Erhältlich in Drogerien und Apotheken.

Steviapflanze
Steviapflanzen gibt es in Gärtnereien, Bezugsquellen Seite 92. Auch jedes Blumengeschäft kann die Pflanze besorgen.

Stevia-Produkte

Stevia Germany Shop
Märkische Straße 29
58638 Iserlohn
www.stevia-de.com
e-mail: webmaster@stevia-de.com
Tel.: 02371 972742
Fax.: 01805 060 339 240 63

MedHerbs
Aunelstr. 70
65199 Wiesbaden
www.medherbs.de
e-mail: info@medherbs.de
Tel. 0611-84 60015
Fax: 0611-2046900

Naturkost im Bregtal
Wilhelmstr. 4
78120 Furtwangen

Naturmarkt-Waldtrudering
Wasserburger Landstr. 250
81827 München
Tel: 089 43779497

Friedrich Sauer GmbH + Co
Kleinbardorfer Str. 4
97631 Bad Königshofen/
Merkershausen
Tel: 09761-9188-0
Fax: 09761-9188-44

Österreich

Pro Form
Hannak Str. 1
5020 Salzburg
www.proform.co.at
e-mail: info@proform.co.at
Tel: 0662-66 55 33
Fax: 0662-66 55 33-30

Stevia-Pflanzen

Südflora Baumschulen
Stutsmoor 42
22607 Hamburg
www.suedflora.de
e-mail: info@suedflora.de
Tel. 040 8991698

Rühlemanns
Auf dem Berg 166
27367 Horstedt
www.ruehlemanns.de
e-mail: info@ruehlemanns.de
Tel. 04288 928558

Gärtnerei Landragin
Hermann-Ehlers-Str. 12
55124 Mainz-Gonsenheim
Tel: 06131-41572

Otzberg-Kräuter
E.-Ollenhauer Str. 87A
65187 Wiesbaden
Tel: 0611 8120545

Calendula Kräutergarten
Storchshalde 200
70378 Stuttgart-Mühlhausen
Tel: 0711-5301251

Syringa
Bachstr. 7
78247 Hilzingen-Binningen
Tel. 07739- 1452
www.syringa-pflanzenshop.de

Blumenschule
Augsburger Str. 62
86956 Schongau
Tel: 08861 7373
Fax: 08861/1272
www.blumenschule.de
e-mail: info@blumenschule.de

Bezugsliste

für Stevia in Deutschland/Österreich

HÄDECKE

Natürlich süß

Von derselben Autorin sind erschienen:

Zappelphilipp

Hyperaktive Kinder richtig ernähren

Der praktische Ratgeber bietet einen umfassenden Überblick über die Zusammenhänge von »falscher« bzw. «richtiger« Ernährung und Hyperaktivität. Darüber hinaus enthält er einen praktischen 2-Wochen-Menüplan, getestet in Schulen und Familien, zur einfachen Umsetzung der gewonnenen Erkenntnisse. Mit seiner Hilfe können Kinder leicht für eine Ernährungsumstellung gewonnen werden. Denn sie machen damit die unmittelbare, positive Erfahrung, dass es ihnen mit der neuen Ernährung, die lecker schmeckt, besser geht.

96 Seiten, 84 Farbfotos, ISBN 978-3-935407-13-7.

Natürlich einmachen mit Stevia

Das »Honigblatt« aus Südamerika eignet sich auch hervorragend zum Einmachen von Obst und Gemüse. Sowohl das frische Kraut als auch der Extrakt verleihen den Rezepten eine angenehme, unaufdringliche Süße und machen Kompott, Konfitüren, Säfte und Gelees oder süß-sauer Eingemachtes fuchtiger und aromatischer. Informationen für Diabetiker zu jedem Rezept.

76 Seiten, 36 Farbfotos, ISBN 978-3-03780-247-2.

Ausführliche Informationen über unser gesamtes Buchangebot senden wir Ihnen gerne kostenlos zu.

Walter Hädecke Verlag · Postfach 1203 · 71256 Weil der Stadt · www.haedecke-verlag.de
info@haedecke-verlag.de · Fax 07033 / 138 08 13